天然生活の本

増補改訂版

シンプルな生地でつくる
バッグと雑貨

石川ゆみ

もくじ

Chapter 3　やわらか素材で

Chapter 4　ハギレで自由に

Chapter 5　How to make

＊本書p.94-95に掲載している「実物大の型紙」は無料でダウンロードできます。
　詳しくはp.93をご覧ください。

はじめに

　この本は月刊誌『ESSE』で2年間連載したものをまとめた本として2011年に発売されました。そのときどきの季節を感じながら生地選びをしたり、生活のなかのさまざまなシーンを思い浮かべてアイデアを膨らませていったり。いま見ても古さは感じず、よくつくったなーと、楽しく連載していたときのことを思い出しました。

　アイデアは、当時もいまも変わらず、生地から浮かぶことが多いです。自分好みの生地でないとイメージは浮かばないほど、生地へのこだわりは強い方だと思います。でも、いまはかわいい生地屋さんも増え、なんでも手に入るようになりました。生地を探していたあのころとは変わり、たくさんの中から選ぶのも楽しみのひとつとなりました。

　そして、もうひとつ変わらないのは、私の作品はとても簡単というところ。なので、この本を見て、裁縫を始めてみようと思ってくれたら嬉しいです。気負わず楽しんでやることが大事です。新作も4点もプラスしました。ぜひ好きな生地を使って楽しくつくってみてくださいね。

ToIIIゆみ

Chapter 1 _____

大好きなリネンで

「リネンの人」というイメージがすっかり

定着してしまったくらい、私はリネンが大好きです。

ガンガン洗えるし、洗ったあとの独特のシワ感と、生地によって

表情がまるで変わるところも気に入っています。

ベージュや白のナチュラルなものの印象が強いですが、

最近はカラフルにそろっていて、ますます目が離せません。

洗うと縮むので、買ってきたらまず水通しします。

洗濯機で洗ってお日さまに当て、アイロンをかけます。

このアイロンのかけ方ひとつでも

違って見えるので、自由に楽しんでください。

つくる前からもう、自分だけの生地になるリネン。

まずは、なにから始めましょうか?

たためるエコバッグ

丈夫な厚手のリネンを使った、エコバッグ。

ほぼ直線縫いでできるし、内袋を付けていないので、簡単です。

マチが24cmもあるのにコンパクトに折りたためる、優れもの。

つくり方 --- p.62

平らに広げるとこんな感じ

左右を重ね、底を折り上げます

布の間に口部分をしまいます

ミニクッション

年中使えるリネンならではの、ソファにちょこんと置ける
ミニサイズのクッション。高さのある四角いデザインに
ボタンのくぼみでアクセントをつけました。

つくり方 --- p.63

布合わせで印象が変わります

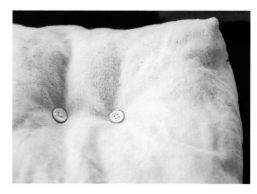

ボタンのくぼみがアクセント

リバーシブルのランチョンマット

インディゴブルーを前面に、ベージュを後面に配して縫い合わせてから
大きなクロスをポイントにステッチします。ミシンの針目を
長めの5mmくらいにし、一気に縫えば、2枚のズレを防止する効果も。

つくり方 --- p.64

片側はベージュのリネン

半分に折れば、ティーマットにも

リネン切り替えバッグ

鮮やかで華やかな赤いカラーリネンがかわいくて、引き立つように
清潔感あふれる真っ白を合わせた、持ちやすい大きさのバッグ。
多彩な色がそろうカラーリネン。ぜひ好きな色を組み合わせて。

つくり方 --- p.57-59

マチなしですが、たっぷり入ります

あるとうれしい内ポケット付き

四角いコースター

2枚のリネンを合わせて、ジグザグミシンをかけるだけ！
布の大きさを変えたり、ミシン糸の色を替えたりして、いろいろ楽しんでください。
私はグレーとベージュの糸で、さわやかにしてみました。

つくり方 --- p.70

白いエプロン

ワンピースの延長のようなエプロンは、すべて直線縫い。
首はひもを通すだけなので面倒な縫いつけもないし、
背中もループとボタンでとめるだけという簡単仕様です。
胸元とポケットのステッチがアクセント。

つくり方 --- p.65

ループとボタンでとめるからラクちん

カラーリネンのキューブバッグ

特有の光沢とツヤが出る、カラーリネン。

スモーキーな色を選ぶと、大人っぽくなります。

側面とマチの幅が同じキューブ形は、見た目以上にたっぷり入ります。

つくり方 --- p.66

たっぷり入る正方形の底面

チェックのエプロン

スカート風にギャザーを寄せた、長め丈のエプロン。
洗濯する頻度が高いので、洗うほどに風合いが増す、
チェックのリネンウールを選びました。ひもは、市販のテープでもOKです。

つくり方 --- p.67

共布でひももつくりました

キッチンクロスのお弁当バッグ

お気に入りのリネンのキッチンクロスにシミがついてしまったので、
カットしてきれいな部分を生地として使いました。
持ち手のコットンテープを輪にしてつけると、簡単だしデザイン性も出ます。

つくり方 --- p.68

コットンテープはぐるりと底まで

トラベルポーチ

こまごまとした旅の小物をくるんとまとめて収納できる、
持ち運びに便利なポーチです。表に入れた青い飾りステッチは
開いたときに、歯ブラシやクリームなどが入れられる「仕切り」の役目も。

つくり方 --- p.69

旅の小物をまとめて

ポケットは4つ

閉じるとコンパクト

楕円のマット

角に丸みをもたせたコンパクトな印象のマット。

真夏にはだしで乗ると、とっても気持ちがいいのです。

7周入れたステッチは、「一筆書き」のように一気につなげて。

つくり方 --- p.70

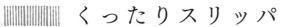

くったりスリッパ

汚れても洗濯できるのが、リネンスリッパの魅力のひとつ。
履き心地を考えて、底には厚手のキルト芯を入れました。
甲の部分がすっぽり入る、深めタイプです。

つくり方 --- p.71

ワッフルタオル

さっぱりとした肌触りのリネンワッフルは、タオルにぴったり。

布端にバイアステープを使って縁取りしました。

三つ折りにして縫うより厚みが出ないし、なによりかわいく仕上がります。

つくり方 --- p.72

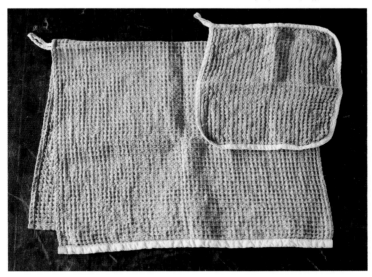

縁取りに表情をつけて

吊るしひも付き

キルティングミニバッグ

紺のリネンとストライプのコットンの間にキルト芯をはさんで、
やわらかなキルティングバッグ風に仕上げました。
袋口に付けたポイントのハギレは、好みで自分流にアレンジしてください。
つくり方 --- p.73

Chapter 2 .....

やっぱりコットン

初めて家庭科の授業で縫った生地は、

コットンだったように思います。

そのころからつくる過程が好きで、この時間がずっと続いて

ほしいなあと思っていました。コットンは、とにかく豊富。

いろんな種類があふれています。

チェックやストライプ、鮮やかな色のものなら、ポイント使いや

少し変わった使い方をするときに選ぶことが多いです。

そして色柄だけでなく、生地の厚みも多彩なのも魅力。

肉厚で丈夫な帆布とデニムは、外向けな小物を

つくることの多い生地です。

いずれにせよ、ほかにはない、特徴的なものを選ぶと

地味になりすぎなくていいのではないでしょうか。

親子巾着

大中小と、サイズ違いの巾着は、小さいものほど
柄のチェックが大きい生地を使って。
ひもは余り布に少しハサミを入れ、手でビーッと裂きました。

つくり方 --- p.74

タック入りミニバッグ

つまんでミシンをかけるだけ。その簡単なひと手間でタックが生まれ、
シンプルながらも表情豊かに。左右を結ぶタイプの肩ひもだから、
好みの長さにしたり、バッグインバッグにしたりして楽しめます。

つくり方 --- p.75

肩ひもをかごバッグの持ち手に結んで

水筒バッグ

厚みのあるキャンバス地は、ジグザグミシンで
スムーズに端の処理を。ひもを通した
環状の金具「ハトメ」がデザインポイントになりました。

つくり方 --- p.76

ハトメを使ってカジュアルに

ペットボトルもすっぽり入ります

海バッグ

持つだけでマリンな気分が味わえる、ボーダーバッグ。
普通ならマチの角は内側に入れるところですが、
これはあえて外側に。イカみたいでかわいいでしょ。

つくり方 --- p.77

レッスンバッグ

丈夫さが求められるレッスンバッグには、
デニムがもってこいです。持ち手と内側の袋口を
水玉やストライプで、かわいらしくしました。

つくり方 --- p.78

子どもにも大好評

バイアスストライプのペンケース

私にしては珍しく、大胆な黄色のストライプ布を
斜め（バイアス）に裁ってペンケースに仕立てました。
斜めの角度で表情が変わるので、好みの角度を見つけてください。

つくり方 --- p.79

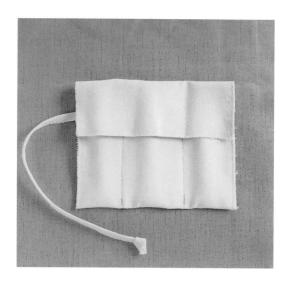

パタンとふたを閉じて

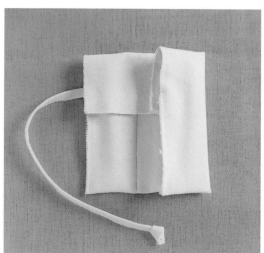

右からパタ、
もう一度パタ

ひもをクルクル、
でき上がり

リバーシブルのティッシュケース

小さいサイズのものを縫うのは、じつはミシンより手縫いがラク。
ストライプのハギレを縦と横に使い
パイピングして、縫い目を隠します。

つくり方 --- p.80

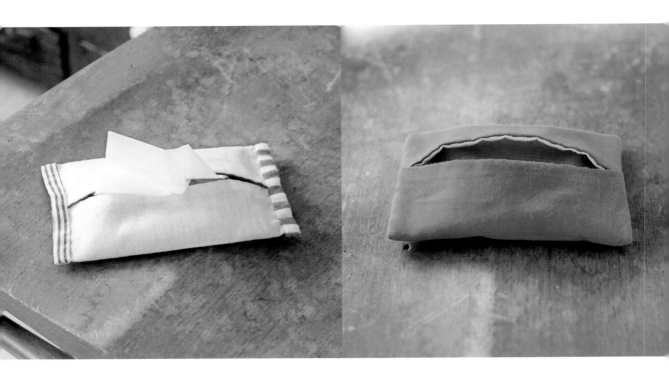

気分に合わせて楽しめるリバーシブル

Chapter 3 .....

やわらか素材で

ごわっとした質感のリネンには向かない、

肌に直接触れたりすることの多いアイテムには

ガーゼを使います。よれたり引きつれたり、縫いやすくは

ないのですが、ゆっくり丁寧に縫えば大丈夫。

あたたかいダブルガーゼがとくに気に入っています。

ウールは寒い季節にぴったりの生地。

ほかにはない独特の色や質感に、気持ちもなごみます。

生地が伸びやすいので、大きなものやたくさん物を入れるには

不向きですが、裏地をつけてあげれば解消します。

生地屋さんに行くと、布で四季の移り変わりを

感じることがよくあります。

心や体のリセット効果もあるかもしれませんね。

刺し子のハンカチ

優しい肌触りと使いやすさが魅力のダブルガーゼは、
肌や口に触れるハンカチにぴったりの素材。
フリーステッチの刺し子は、少し曲がるくらいがかわいいですよ。

つくり方 --- p.81

ポンポンマフラー

毛糸のマフラーもいいけれど、ウール生地でつくると
なによりすぐでき上がるのがいいところ。
スエットやフリースなどでも試してみてください。

つくり方 --- p.82

ひと巻きするのに程よい長さ

ウールのミニバッグ

やわらかなウールの生地は、伸びやすく生地自体も
少し重いので、小さめのバッグづくりにおすすめです。
コットンなどで内袋を付けると、丈夫な仕上がりに。

つくり方 --- p.83

持ち手は肩にかけられる長さ

パッチワークのひざかけ

どこを触っても気持ちいい、ダブルガーゼだけを
パッチワークしたリラックスアイテム。四すみを三角に
縫いとめることで、洗濯時に角が内側に入るのを防ぎます。

つくり方 --- p.84

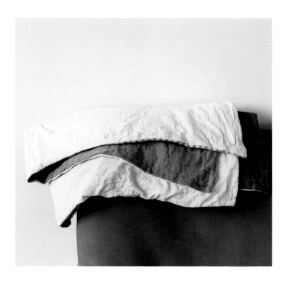

表も裏も肌触りのいい
ダブルガーゼ

足元を包み込む大きなサイズ

角を押さえて「よれ」を防止

丸 い コ ー ス タ ー

冬服のお古などを使ってできる、丸いコースター。

2枚の生地を縫い合わせ、ブランケットステッチで周りを彩ります。

布や糸の色を変えて、いろいろつくってみてください。

つくり方 --- p.85

コーデュロイバッグ

こんなふうに持ち手を付けると、持ち姿がかわいくて物も入れやすい。
表面の凸凹と特有の光沢で、カジュアルすぎない仕上がりも魅力です。
毛の流れがあるので、方向に注意してつくってくださいね。

つくり方 --- p.86

持ち手を前後に縫いつけています

靴下のオーナメント

裁ちっぱなしでもほつれず、つくりやすい
厚手ウール生地で簡単オーナメントを。
くさり編みの毛糸で素朴なあたたかみをプラスしました。

つくり方 --- p.87

Chapter 4 .....

ハギレで自由に

ハギレ。これはもう、手づくり派にとって

永遠のテーマではないでしょうか。

なにかつくって切り取ったあとの生地が捨てられない……

どうやって収納してますか？　と、よく聞かれます。

サイズも色も素材もバラバラなので分けようがなく、

私はざっくりとカゴやボックスに入れています。

それと、カーブのあるものは思いきって捨てています。

単独では使えないので、ほかの生地との布合わせが

ポイントだし、オリジナル感を出すカギにもなります。

いつかハギレをちまちまと組み合わせて

大きなブランケットをつくりたい、それが

私の密かな野望です（徹夜かな？）。

リバーシブルの巾着袋

差し色に赤を使った、ハギレの巾着袋。
口を三つ折りにしたり、裁ち目を処理したりしなくていい
ひも通し口のつくり方、これはおすすめです。

つくり方 --- p.88

内側はベージュのリネン

後ろはシンプルな組み合わせで

ミニピンクッション

小さなハギレを、5㎝角に裁って形をそろえ、
組み合わせてピンクッションをつくります。
ずらりと並べて組み合わせを考えるのも、なかなか楽しい時間です。
つくり方 --- p.89

ステッチの色がアクセント

鍋敷き

ヘリンボーンのハギレをメインに、赤と白のコットンの
分量を変えてつくった、2タイプの鍋敷き兼鍋つかみ。
キルト芯の代わりに、使う予定のないタオルで厚みを出しました。

つくり方 --- p.90

熱いポットもつかめます

カメラポーチ

ストラップ以外のパーツは、どれもハギレサイズでつくれるポーチ。

カメラを首から下げれば、撮りたいときにパッと取り出せて便利です。

ストラップを短くしたり、ふたに面ファスナーを付けたりアレンジも素敵。

つくり方 --- p.91

首にかければすぐ取り出せます

いろいろアレンジ

ミニポシェット

手づくり派なら幾度となく悩む、縦長のハギレ。それを使って
スマートフォンとお財布が入る、ポケットのようなポシェットを。
肩ひもはハギレを接ぎ合わせてもいいし、テープやリボンで代用しても。

つくり方 --- p.92

Chapter 5 .....

How to make

幼少のころからずっと洋服が好きで、

物心がついたころから、カタカタ、チクチク…。

いままでたくさんの小物や服をつくってきましたが、

すべてそのなかで培った、自己流の技術です。

私自身、洋裁の決まり事は苦手だから、私の作品は驚くほど簡単。

難しい技術は一切必要ないので、洋裁が苦手という方でも、

あっという間にかわいい作品をつくれます。

ここからは、この本に掲載した作品のつくり方を紹介しますが、

つくり方に正解はありません。この通りにしなければならないと

いうこともないし、がんばる必要もない。

失敗しても縫い目をほどいてやり直せばいいんです。

さあ、気負わず楽しんで布小物づくり始めてみましょう！

生地選びから制作過程まで
すべて お見せします

生地屋さんめぐりは、私の大切な仕事です。好きな生地に出合った瞬間、デザインが浮かぶことも多いからです。よく利用するお店は何軒か決まっていて、何度も通っているのでどこもなじみっぽくなっています。「こんな生地ないかしら？」と聞くと、届いたばかりの新作をいち早く出してくれるなんてことも。皆さんも、行きつけの生地屋さんを見つけると、いいことあるかもしれません。作品づくりは本当に自己流なので、公開するのはお恥ずかしい限りですが、写真で詳しく解説しています。ぜひ一緒につくって楽しんでくださいね。

本の作品用に生地を探しに行きま〜す

生地を買いにうかがったのは…

CHECK & STRIPE 吉祥寺店

日本製で上質なオリジナルの布地や手づくりのキットなどを取り扱う生地屋さん。リネンやコットンなど大好きな天然素材がそろっています。
東京都武蔵野市吉祥寺本町2-31-1
㊢10：00 − 19：00
㊡無休（年末年始を除く）
https://checkandstripe.com

まず店内を1周します

着いたらまず、ぐるりと1周します。
ディスプレイも素敵な店内。この日
は、私が監修したキットが展示中で
した。気になる生地を見つけたら、
再度行き、手触りなどをチェック。

私、脇田が
ご案内します

お店の方と相談したり…

どんな質問にも丁寧に答えてくれ
て、信頼できるスタッフの脇田さん。
10年以上のお付き合いです。「ゆみさ
ん、こういうのお好きそう」と、好み
まで当てられてしまいます。

決めるのは早いです

相談はするものの、1周した時点
で欲しい生地はだいたい決まっ
ています(笑)。デザインイメージ
も浮かんできて、あとは合わせる
生地を探して……、と

合わせる生地を
あててみます

メインに選んだ赤のリネンに、白
とベージュの生地を持ってきて
あててみます。どちらもいいけ
れど、今回は、赤の鮮やかさがよ
り引き立った方に決めました。

カットしてもらって…

ロールごと裁断台へ持ってい
き、脇田さんに買いたい寸法を
伝えて、カットしてもらいます。
こちらでは、最短50cmから、10
cm単位で購入ができます。

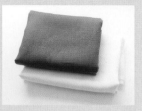

2枚の生地を
買いました

エコバッグより、ひとまわ
り大きいバッグをつくりた
いので、赤を50cm、白は少
し多めの70cm買いました。

さっそく、家に
帰って制作！ ⟶

アトリエに
帰ってきました

ワークスペースは
日が差し込む2F

アトリエは、一番長い時間を過
ごす場所。だから、一番気持ち
のいい場所がいい！ と思い、
南向きで明るく、風が気持ち
よく通るリビングの奥にワー
クスペースをつくりました。

生地も糸もストックは
ざっくりと収納

材料は糸、テープ、レースなどとざっくり分
けて、少しずつそろえてきたお気に入りの
カゴやボックスに収納。生地はバンカーズ
ボックスに、ボビンはヴィンテージの缶に。

ずっと使いつづけている
ミシンです

ミシンは3台。メインで使う職業用
（p.60）のほかにパワフルな工業用
（右）と縫いしろを始末するロックミ
シン（左）。工業用は一番古く、中古
で買ってさらに20年使っています。

さあ、いよいよ制作です

リネン切り替えバッグ

作品 --- p.10-11

仕上がりサイズ　縦31.5×横38cm　※持ち手のサイズは含みません

材料　1個分

表袋a　　白のリネン*1（縦10×横40cm）……2枚
表袋b　　赤のリネン*2（縦50×横40cm）……1枚
内袋　　　白のリネン*1（縦66×横40cm）……1枚
ポケット　赤のリネン*2（縦30×横20cm）……1枚
持ち手　　白のリネン*1（縦13×横40cm）……2枚
*1：白のリネンはすべて「リネン　ホワイト」を使用
*2：赤のリネンはすべて「C&Sカラーリネン」（赤）を使用

1．材料をそろえて、布を切る

1　上の「材料」を参考に、必要な大きさの白のリネン、赤のリネンと普通地用のミシン糸を準備する。

［ミシン糸について］ここでは、ミシン目が見えやすいよう、目立つ色のミシン糸を使っていますが、実際に縫うときは布に近い色の糸を使いましょう

2　布の端の部分（耳）を切り落とす（ポツポツと開いた穴を目安にしても）。

1～1.5cm

3　「材料」で必要なパーツの大きさを確認し、定規やチャコペンなどを使って印をつける。

水通ししてアイロンをかけてからカットしま〜す

印

4　印に沿って、白のリネン、赤のリネンをそれぞれ裁断する。

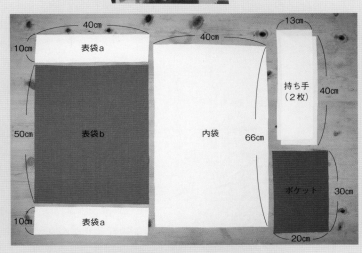

必要なパーツをすべて裁ち終わったところ

（図中ラベル）
40cm
10cm　表袋a
50cm　表袋b
10cm　表袋a
40cm
内袋
66cm
13cm
持ち手（2枚）
40cm
ポケット
30cm
20cm

2. 持ち手をつくる

1　持ち手2枚を写真のように中表に合わせる。

針板

ミシンの針板のラインに裁ち端を合わせると同じ幅で真っ直ぐ縫え、便利です。

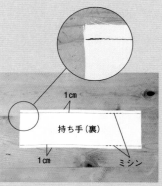

1cm

持ち手（裏）

1cm　ミシン

2　1cmの縫いしろで上下端を縫う。縫い始めと縫い終わりは返し縫いをする（以下同様）。

持ち手（表）

3　左右の開いている部分から、表に返す。

持ち手（表）

4　アイロンで形を整える。

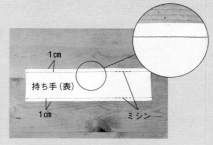

1cm

持ち手（表）

1cm　ミシン

5　上下端から1cm内側にステッチをかける。

3. 布ポケットをつくり、内袋布に付ける

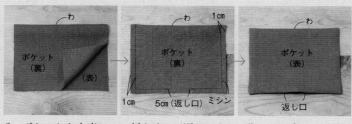

わ

ポケット（裏）（表）　→　1cm　ポケット（裏）　1cm　5cm（返し口）ミシン　→　わ　ポケット（表）　返し口

1　ポケットを中表に二つ折りする。返し口を5cm残して写真のように1cmの縫いしろで縫う。返し口から表に返し、アイロンで整える。

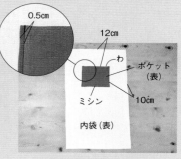

0.5cm

12cm　わ　ポケット（表）

ミシン　10cm

内袋（表）

2　写真を参考に内袋の表にポケットを置き、「わ」以外の3辺を縫いつける。

4. 表袋をつくる

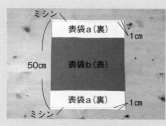

ミシン　表袋a（裏）　1cm

50cm　表袋b（表）

表袋a（裏）　1cm　ミシン

1　表袋bの上下端に、表袋aを中表に合わせ、1cmの縫いしろで縫う。

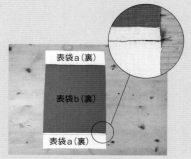

表袋a（裏）

表袋b（裏）

表袋a（裏）

2　縫いしろを赤のリネン側にアイロンで倒す。もう片方も同様に倒す。

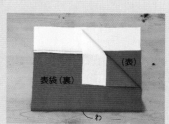

（表）

表袋（裏）

わ

3　表袋を中表に二つ折りする。

5. 内袋の脇を縫う

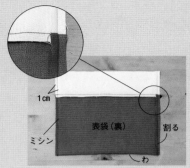

4 表袋の脇を1cmの縫いしろで
　縫い、縫いしろをアイロンで
　割る。

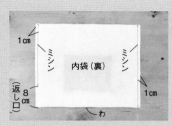

1 内袋を中表に二つ折りし、返
　し口を8cm残して、脇を1cm
　の縫いしろで縫う。

2 縫いしろを割り、内袋を上
　部から表に返す。

6. 持ち手をつける

1 表袋の表に、脇と持ち手の幅
　の中心がぴったりになるよ
　う合わせる。

2 表袋に持ち手を1cmの縫いし
　ろで縫いとめる。

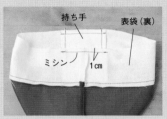

3 もう片方の表袋の脇にも、持
　ち手のもう片側を同様に縫
　いとめる。

7. 袋口を縫い、表に返して仕上げる

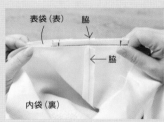

1 表袋の中に内袋を入れて脇
　を合わせて、中表に重ねる。

2 1.5cmの縫いしろで、袋の口
　をぐるりと縫う。

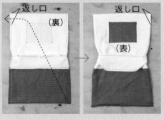

3 返し口から矢印のように、袋
　布を引き出すようにして、表
　に返す。

4 形を整え、返し口をまつる
　(p.93参照)。

5 内袋を表袋の中にしまい、形
　を整える。

でき上がり〜!

布小物をつくるのに必要な道具や材料

この本の布小物をつくるのに必要な道具と材料を、私物でご紹介します。

お気に入りの道具があるだけで、針仕事はがぜん進みます。

細かい材料も、少しずつ買いたしていくのがまた楽しいのです。

道具　その1

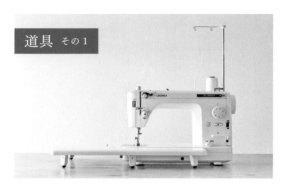

1 ミシン

私が使っているのはジューキの職業用。直線専用のミシンです。補助
テーブル付きで縫いスペースが広く、大きな作品も安心して縫えます

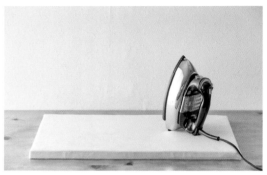

2 アイロンとアイロン台

平型のアイロン台とドイツDBK社のアイロン。たっぷりのスチームと、
適度な重みでしっかりと折り線をつけたり脇を割ったりできます

材料

15　16　17　18　19　20　21　22　23

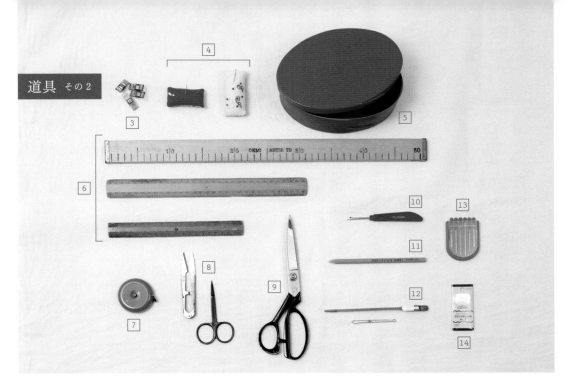

道具 その2

△

3 待ち針代わりのピンチ

「クロバー」の仮止めクリップ。本来は待ち針で止めにくい生地の仮止め用ですが、便利で大活躍中

4 ピンクッション・待ち針

布を仮止めした待ち針を外しながら縫うときに、小さいピンクッションが手元にあると便利です

5 裁縫箱

細かい道具が多いので、必需品。これは「IFUJI」のオーバルボックスで＃3サイズ。お気に入りの色

6 物差し

50cm、30cm、20cmと測る長さによって使い分けられると便利。どれもパリで購入しました

7 メジャー

布を測るときに欠かせません。長は短を兼ねるで、物差しを使わず、これで済ませることもあります

8 糸切りバサミ

糸を切る小さなステンレス製のハサミ2種。左は握りバサミで、右はマーチャント＆ミルズのもの

9 裁ちバサミ

布を裁つ専用です。こだわりはなかったのですが友人に「有次」のをいただいて、切れ味にびっくり

10 リッパー

縫った糸をほどく道具。「失敗したらほどけばいい」が持論なので、これがないと生きていけません

11 チャコペン

布に線や印をつけるためのペンシルタイプのチャコ。どんな生地でも線が書きやすい気がします

12 ゴム通し、ヒモ通し

上はクリップ式。途中で抜けず、ウエストのひも・ゴム通しに最高！下のタイプは小さいもの用

13 手縫い針

主に返し口などをまつるときに使います。種類・用途別にソーイングによく使う6種類のセットです

14 刺しゅう針

太めの糸が多いので、私はずっとフランス刺しゅう針を使っています。針穴が大きいのもうれしい

◁

15 麻ひも

p.17のお弁当バッグやp.18のポーチ、p.49の鍋敷きに使用。ラッピングにも使えるので常備してます

16 刺し子糸

p.36のハンカチのように、手縫いでちくちく刺していく刺し子用の糸。ざっくりした風合いが好み

17 刺しゅう糸

p.13のエプロン、p.42のコースターなどのアクセントに。気に入った色があれば買っておきます

18 ミシン糸

主力は写真の「フジックス」KING SPUNの普通地用60番。厚地には30番を。飾りステッチにぴったり

19 手芸用わた

p.08のクッションやp.48のピンクッションの詰めものに使用しました。手でほぐしながら詰めます

20 ハトメ

p.28の水筒バッグで使用。穴の補強兼デザインポイントに。取付金具とセットのものだと手軽です

21 ボタン

p.08のミニクッションとp.18のポーチに使いました。着なくなった洋服のを取りストックしています

22 コットンテープ

幅や色が豊富で便利なコットンテープは、p.13のエプロンなどに。肩ひもやひもの代用としても

23 キルト芯

シート状のわたのことをいい、生地に立体感や厚みを出すのに使います。キルト綿と呼ばれることも

たためるエコバッグ

作品 --- p.06-07

仕上がりサイズ　縦35 ×横48 ×マチ24㎝

材料　1個分

リネン（縦100 ×横50㎝）……1枚
ボーダー柄布（縦10 ×横50㎝）……2枚

つくり方

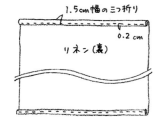

1 リネンの短い方の二辺を、アイロンで押さえながら1.5㎝幅に三つ折りし、縫う。表に返す。

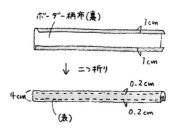

2 ボーダー柄布の長い方の二辺1㎝をアイロンで押さえながら折る。さらに、中央で二つ折りして上からアイロンで押さえ、上下の端を縫って4㎝幅の持ち手をつくる。これを2本つくる。

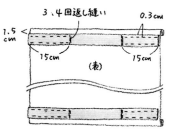

3 2の持ち手を、1の上辺と下辺から1.5㎝のところに図のように置いて仮どめする。各上下を両端から15㎝まで縫う。中央部分との境は、3、4回ほど返し縫いをしてしっかりと縫いとめる。

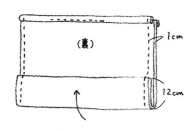

4 3を中表に二つ折りする。底を片側側面に12㎝折り上げ（マチになる）、1㎝の縫いしろで脇と一緒に縫う。

5 両端にジグザグミシンをかける。表に返して形を整える。

ミニクッション

作品 --- p.08

各仕上がりサイズ　縦18×横23×高さ10cm

材料　2個分

A（リネンとストライプ）
ベージュのリネン（縦30×横35cm）……1枚
紺と白のストライプ柄布（縦30×横35cm）……1枚
ボタン……2個
手芸用わた……適量

B（リネン）
ベージュのリネン（縦30×横35cm）……2枚
ボタン……4個
手芸用わた……適量

つくり方

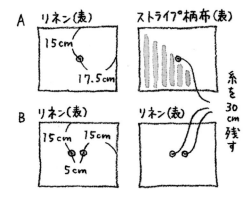

1　Aはリネンとストライプ柄布の中央に各1個、Bはリネン1枚に各2個ずつボタンを縫いつける。それぞれどちらか一方の布の表側に、縫い終わりの糸30cmくらいをとって残しておく。

2　Aの2枚を中表に合わせる。返し口10cmを残し、1cmの縫いしろで縫い合わせる。

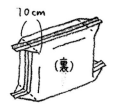

3　2の縫いしろを割る。4つの角を底辺が10cm長さになる三角形に起こし、それぞれ底辺を縫ってマチとする。

4　返し口から表に返し、好みのかたさになるようわたを入れて、返し口をまつる。

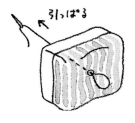

5　1で長めにとっておいた糸に針をとおし、反対側の布に付けたボタンに向かって刺し、糸を引っぱって適度なくぼみをつくり玉どめする。Bも同様につくる。

リバーシブルのランチョンマット

作品 --- p.09

仕上がりサイズ　縦32×横48㎝

材料　1枚分

インディゴブルーのリネン（縦34×横50㎝）……1枚
ベージュのリネン（縦34×横50㎝）……1枚
赤のテープ（幅1.5㎝）……4㎝
太めのミシン糸（白）

つくり方

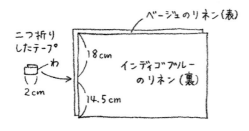

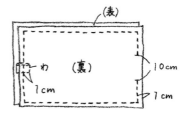

1　2枚のリネンを中表に合わせる。テープを二つ折りし、折り山（わ）が仕上がり線より1㎝内側にくるように図の位置にはさむ。

2　返し口10㎝を残し、周囲を1㎝の縫いしろで縫う（1ではさんだテープも一緒に縫う）。

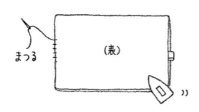

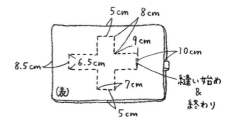

3　返し口から表に返し、返し口をまつる。アイロンをかけ、形を整える。

4　太めのミシン糸で、図の位置にミシンステッチを入れる。縫い始めと縫い終わりを1㎝くらい重ねて縫う。

白いエプロン

作品 --- p.13

仕上がりサイズ　縦84×横108cm　※ひものサイズは含みません

材料　1枚分

ポケット　白のリネンウール（縦22×横23cm）……1枚
ひも　　　白のリネンウール（縦4×115cm）……1枚
本体　　　白のリネンウール（縦90×横112cm）……1枚
ボタン（直径2.5cm）……1個
グレーの刺しゅう糸
ループ用コットンテープ（幅1×47cm）……1本

つくり方

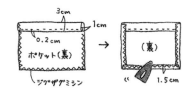

1　ポケットをつくる。ポケット用の布の上辺を裏側に1cm折り、さらに3cm折ってミシンをかける。上辺以外の三辺にジグザグミシンをかけ、1.5cm折ってアイロンをかける。

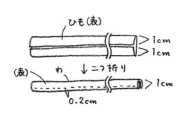

2　ひもをつくる。ひも用の布の長い方の二辺1cmをアイロンで押さえながら折る。さらに中央で外表に二つ折りして上からアイロンで押さえ、ミシンをかける。

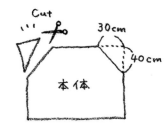

3　本体用の布の袖ぐりを図のように斜めにカットする。

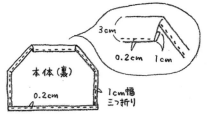

4　袖ぐり、脇、裾の順に、1cm幅の三つ折りにし、アイロンで押さえてミシンをかける。図のように上辺を1cm折り、さらに3cm折ってミシンをかけ、ひも通し口をつくる。

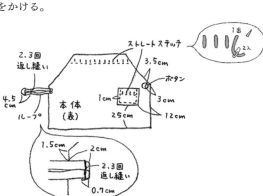

5　図の位置に1のポケット口以外の三辺を縫いつけ、ボタンも付ける。本体上辺とポケット口の三つ折りのミシンより上に刺しゅう糸でストレートステッチを入れる（ポケットをステッチするときは本体まで刺さないように注意）。二つ折りしたコットンテープの先端を図の位置に縫い、ループ状になるように左側に折り返し、本体に2、3回返し縫いで縫いつける。ボタンが引っかかるように先端から4.5cmの位置を重ね、2、3回返し縫いで縫いとめる。

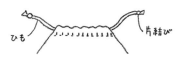

6　ひも通し口に2を通し、両端をそれぞれ片結びする。

カラーリネンのキューブバッグ

作品 --- p.14-15

仕上がりサイズ　縦28×横28×マチ28cm　※持ち手のサイズは含みません

材料　1枚分

持ち手　　　グリーンのリネン（縦8×横29cm）……2枚
表袋側面　　グリーンのリネン（縦30×横30cm）……2枚
表袋マチ　　グリーンのリネン（縦86×横30cm）……1枚
内袋側面　　生成りのリネン（縦30×横30cm）……2枚
内袋マチ　　生成りのリネン（縦86×横30cm）……1枚

つくり方

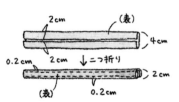

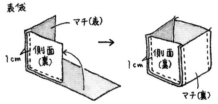

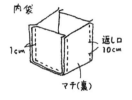

1　持ち手用のグリーンのリネンの長い方の二辺2cmをアイロンで押さえながら折る。さらに中央で二つ折りして上からアイロンで押さえ、上下の端を縫って2cm幅の持ち手をつくる。

2　表袋の側面とマチのグリーンのリネンを図のように中表に合わせていき、1cmの縫いしろで縫い合わせてキューブ形にする。表に返す。

3　内袋の側面とマチは返し口を10cm残して、生成りのリネンを表袋と同様にキューブ形に縫い合わせる。

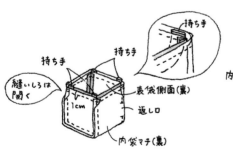

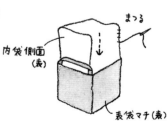

4　表袋と内袋を中表に重ねる。表袋と内袋の間に、持ち手を側面の布の角に合わせてはさむ。口を1cmの縫いしろでぐるりと縫う。

5　返し口から表に返し、返し口をまつる。内袋を表袋の中に入れる。

チェックのエプロン

作品 --- p.16

仕上がりサイズ　縦75.5×横96cm　※ひものサイズは含みません

材料　1枚分

ポケット　　チェック柄のリネンウール（縦21×横18cm）……1枚
ひも　　　　チェック柄のリネンウール（縦4×横200cm）……1枚
本体　　　　チェック柄のリネンウール（縦85×横100cm）……1枚
※ひもは縦4×横100cmを2本つなげてもよい

つくり方

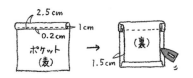

1　ポケットをつくる。ポケット用の布の上辺を表側に1cm折り、さらに2.5cm折ってミシンをかける。裏返し、左右と下辺を1.5cm折り、アイロンをかける。

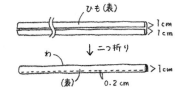

2　ひもをつくる。ひも用の布の長い方の二辺1cmをアイロンで押さえながら折る。さらに中央で外表に二つ折りして上からアイロンで押さえ、ミシンをかける。

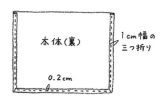

3　本体用の布の左右と下辺を1cm幅の三つ折りにし、アイロンで押さえてミシンをかける。

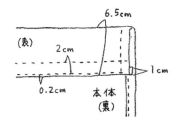

4　ひも通し口をつくる。3の上辺を裏側に1cm折りアイロンをかけ、さらに6.5cm折ってミシンをかける。そのミシン目から2cm上にもミシンをかける。

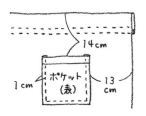

5　本体の表の図の位置に、1で縫ったポケット口以外の三辺を縫いつける。

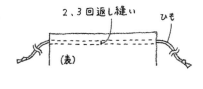

6　ひも通し口に2を通して両端を片結びする。中央をミシンで2、3回返し縫いして固定する。

キッチンクロスのお弁当バッグ

作品 --- p.17

仕上がりサイズ　縦15×横28×マチ10cm　※テープのサイズは含みません

材料　1個分

キッチンクロス（縦46×横30cmにカットする）……1枚
コットンテープ（幅2×124cm）……1枚
麻ひも（70cm）……2本

つくり方

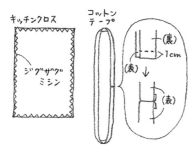 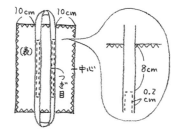 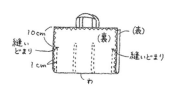

1　キッチンクロスはすべての辺にジグザグミシンをかける。コットンテープは輪にする。テープの両端を中表に合わせ、1cmの縫いしろで縫う。縫いしろを割り、アイロンをかける。

2　図の位置にコットンテープを（つぎ目が上下中央にくるように）縫いつける。

3　中表に二つ折りし、上辺から10cmの縫いどまりまで1cmの縫いしろで両脇を縫う。

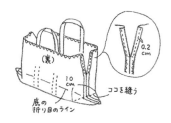 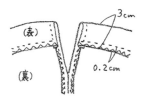 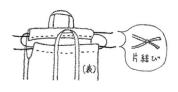

4　縫いしろを割り、アイロンをかける。図のように両端のあき口を縫う。3の底の折り目のラインと脇を合わせて左右の角を起こし、三角の底辺ラインが10cmになるところを縫ってマチをつくる。

5　袋口を3cm折ってアイロンをかける。布の際をミシンで縫って、ひも通し口をつくる。表に返す。

6　5のひも通し口に、麻ひもを左右から1本ずつ通す。それぞれのひもの両端を片結びする。

トラベルポーチ

作品 --- p.18-19
仕上がりサイズ　開いたとき縦21×横32cm

材料　1個分

カーキのリネン（縦23×横57cm）……1枚
白のリネン（縦23×横57cm）……1枚
ボタン（直径1.5cm）……1個
麻ひも（100cm）……1本
ミシン糸（青）

つくり方

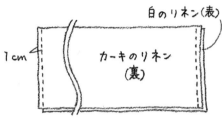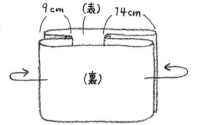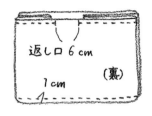

1　2枚のリネンを中表に合わせる。1cmの縫いしろで左右の辺を縫う。

2　ポケットをつくる。図のように左右の辺を内側に入れ込み、アイロンで押さえる。

3　上辺のみ返し口6cmを残し、1cmの縫いしろで上下の辺を縫う。

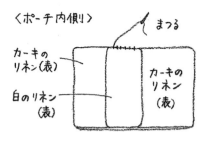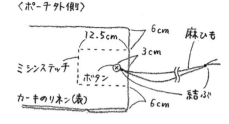

4　返し口から表に返し、返し口をまつる。

5　浅いポケット（9cm）側のポーチ外側から図の位置に青の糸でミシンステッチを入れ、内側を仕切る。ボタンを縫いとめ、半分に折った麻ひもの中央をボタンにかけ、片結びし、先端を結んで固定する。

四角いコースター

作品 --- p.12

仕上がりサイズ　縦10×横10㎝

材料　1枚分

白のリネン（縦10×横10㎝）……2枚
ミシン糸（グレーまたはベージュ）

つくり方
- - - - - - -

 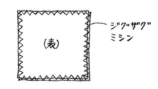

1　2枚のリネンを外表に合
　　わせる。

2　4辺にジグザグミシンを
　　かけて、縫い合わせる。

楕円のマット

作品 --- p.20

仕上がりサイズ　縦42×横52㎝

材料　1枚分

ベージュの厚地リネン（縦45×横55㎝）……2枚
ミシン糸（白）
※水通しせずにつくり、完成してから洗濯して縮ませる

つくり方
- - - - - -

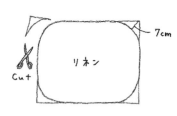 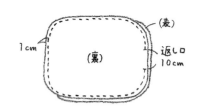 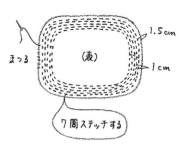

1　各リネンの4つ角を図のよう
　　に丸くカーブさせて裁つ。

2　1を中表に合わせる。返し口
　　10㎝を残し、1㎝の縫いしろ
　　で縫う。

3　返し口から表に返し、返し口
　　をまつる。布端から1.5㎝の
　　位置に白い糸でステッチをか
　　け、内側に向かって1㎝間隔
　　で7周する。

くったりスリッパ

作品 --- p.21　　実物大の型紙 --- p.94-95

仕上がりサイズ　約24cm

材料　1個分
- - - - - - - - -

生成りのリネン（縦60×横55cm）……1枚
ストライプ柄布（コットン・縦30×横30cm）……1枚
キルト芯（縦30×横30cm）……1枚

つくり方
- - - - - - -

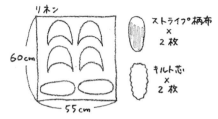

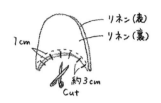

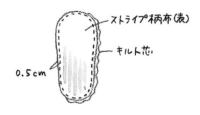

1　p.94-95をコピーして型紙を
　つくる。型紙に合わせ、図の
　ように布とキルト芯を裁つ。
　甲はリネンを4枚。底はリネ
　ン2枚、ストライプ柄布2枚、
　キルト芯2枚。

2　甲をつくる。リネン2枚を中
　表に合わせる。足の入れ口に
　なる部分を1cmの縫いしろで
　縫う。カーブに3cm間隔で切
　り込みを入れ、表に返す。

3　底をつくる。ストライプ柄布
　にキルト芯を外表に重ね、0.5
　cmの縫いしろで縫う。

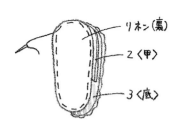

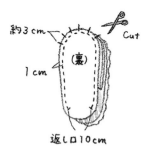

4　3、2、底のリネン（1枚・中表）
　の順に重ね、布端にしつけを
　する。

5　かかと部分に返し口10cmを
　残し、1cmの縫いしろで縫う。
　しつけ糸を抜く。つま先部分
　のカーブに3cm間隔で切り込
　みを入れて表に返す。返し口
　をまつる。

ワッフルタオル

作品 --- p.22-23

仕上がりサイズ　小・縦30×横30cm　大・縦58×横91cm

材料　各1枚分

タオル（小）　ベージュのリネンワッフル（縦30×横30cm）……1枚

　　　　　　　バイアステープ（仕上がり幅1×長さ130cm）……1枚

タオル（大）　ベージュのリネンワッフル（縦62×横93cm）……1枚

　　　　　　　バイアステープ（仕上がり幅1.5×長さ62cm、30cm）……各1枚

タオル（小）のつくり方

 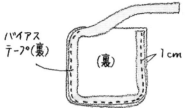 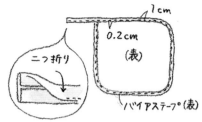

1　リネンワッフルの3つの角を図のように丸くカーブさせて裁つ（1つは丸くしない）。

2　1を裏にし、丸く裁たなかった角を起点に、広げたバイアステープを表を下にして合わせ、1cmの縫いしろで縫う。四辺を縫って余ったテープはそのままにしておく。

3　表に返して、布端をバイアステープでくるみ、ミシンで四辺を縫う。余ったテープを二つ折りにしてミシンをかける。

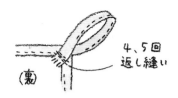

4　バイアステープを輪になるように折り、裏の起点の角に合わせ4、5回返し縫いしてループをつくる。

タオル（大）のつくり方

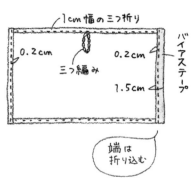

長さ30cmのバイアステープの幅を3等分し、三つ編みをする。リネンワッフルの上下の辺と左の一辺を、アイロンで押さえながら1cm幅に三つ折りする。三つ編みを輪にして上部中央にはさみ、ミシンで三つ折りした三辺を縫う。残りの右の辺をタオル（小）と同様に長さ62cmのバイアステープでくるみ（上下の端は折り込む）、ミシンで縫う。

キルティングミニバッグ

作品 --- p.24

仕上がりサイズ　縦23×横20cm　※持ち手のサイズは含みません

材料　1個分

表袋a　　紺色のリネン（縦50×横22cm）……1枚
表袋b　　赤のハギレ（縦4×横22cm）……1枚
持ち手　　紺色のリネン（縦8×横25cm）……1枚
内袋　　　ストライプ柄布（綿麻混・縦50×横22cm）……1枚
キルト芯（縦54×横22cm）……1枚

つくり方

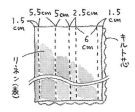

1　表袋aの紺色のリネンの裏側にキルト芯を重ね、図のようにステッチをしながら縫い合わせる。

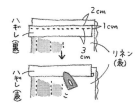

2　1の短い方の辺の片端から2cm下に、表袋bの赤のハギレを1cmの縫いしろで中表に縫う。ハギレをアイロンで片端側に倒す。

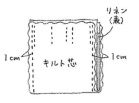

3　2を中表にして縦半分に合わせ、キルト芯の上から両脇を1cmの縫いしろで縫う。

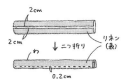

4　持ち手用のリネンの長い方の二辺2cmを、アイロンで押さえながら折る。さらに中央で外表に二つ折りして上からアイロンで押さえ、ミシンをかけて2cm幅の持ち手をつくる。

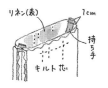

5　3の袋口の縫いしろを割り、4の持ち手を中表に合わせて縫いとめる。

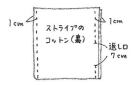

6　内袋用のストライプ柄のコットンを中表にして縦半分に合わせ、片方に返し口7cmを残して1cmの縫いしろで両脇を縫う。表に返しておく。

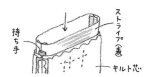

7　5の表袋の中に6の内袋を入れるようにして中表に重ねる。

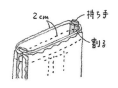

8　内袋の縫いしろを割り、表袋と内袋の両脇を重ね、しつけする。口から2cm下をぐるりと1周縫う。

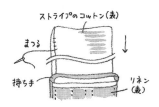

9　返し口から表に返し、返し口をまつり、内袋を表袋の中に入れる。

親子巾着

作品 --- p.26

仕上がりサイズ　大・縦47×横47cm、中・縦32×横34cm、小・縦18.5×横19cm　※ひものサイズは含みません

材料　1個分

巾着（大）　チェック柄のコットン（縦104×横49cm）……1枚
　　　　　　手で裂いたカラフルなコットン（幅1.5×110cm）……2枚
巾着（中）　チェック柄のコットン（縦74×横36cm）……1枚
　　　　　　手で裂いたカラフルなコットン（幅1.5×90cm）……2枚
巾着（小）　チェック柄のコットン（縦47×横21cm）……1枚
　　　　　　手で裂いたカラフルなコットン（幅1.5×55cm）……2枚

つくり方

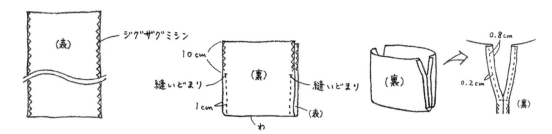

1　チェック柄のコットンの、長い方の二辺にジグザグミシンをかける。

2　中表に二つ折りし、上辺から10cmの縫いどまりまで1cmの縫いしろで両脇を縫う。

3　縫いしろを割り、アイロンをかける。図のように両端のあき口を縫う。

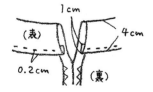

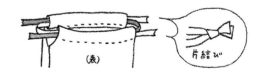

4　袋口を1cm折り、さらに4cm折ってアイロンをかける。端をミシンで縫って、ひも通し口をつくる。袋を表に返す。

5　4のひも通し口に、カラフルなコットンを左右から1本ずつとおす。それぞれのひもの両端を片結びする。

タック入りミニバッグ

作品 --- p.27

仕上がりサイズ　縦23.5×横24cm　※肩ひものサイズは含みません

材料　1個分

表袋　　　ピンクのコットン＊（縦50×横40cm）……1枚
内袋　　　ピンクのコットン＊（縦50×横26cm）……1枚
肩ひも　　ピンクのコットン＊（縦8×横58cm）……2枚
＊：ピンクのコットンはすべて「C&S力織機で織ったコットン」
（フェアリーピンク）を使用

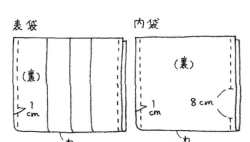

1　肩ひもの一方の端を1cm折り
　込み、図のように四つ折りし
　て縫う。これを2本つくる。

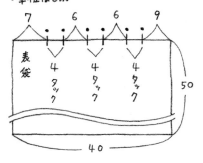

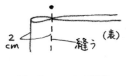

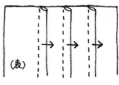

2　チャコペンなどを使い、図の
　ように表袋にタックの印（●）
　をつける。

3　タックの印（●）どおしを合
　わせて外表に折り、折り山よ
　り2cm内側を縫う。タックは
　右側へ倒す。

4　表袋と内袋をそれぞれ中表に
　二つ折りし、1cmの縫いしろ
　で縫う。内袋は返し口を8cm
　残して縫う。ともに脇の縫い
　しろを割り、表袋を表に返す。

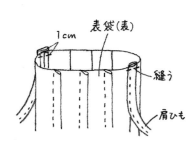

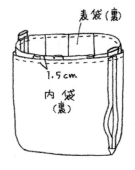

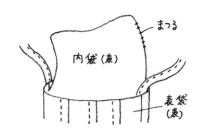

5　袋口に、端を折り込んでいな
　い側を上にした肩ひもを縫い
　とめる。内袋の中に表袋を入
　れるようにして中表に重ね、1.5cmの縫いしろで、
　口を縫う。

6　返し口から表に返して、返し
　口をまつる。内袋を表袋にし
　まう。

水筒バッグ

作品 --- p.28-29

仕上がりサイズ　縦24×横18×マチ10cm　※ひものサイズは含みません

材料　1個分

ひも　　　　ベージュの撥水キャンバス地（縦3×横120cm）……1枚
本体　　　　ベージュの撥水キャンバス地（縦58×横20cm）……1枚
内径10mmのハトメ……2個

つくり方

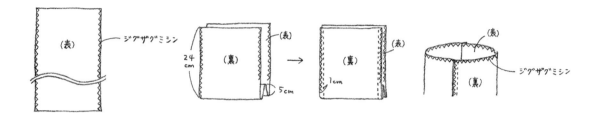

1　本体用の布の、長い方の二辺にジグザグミシンをかける。

2　中表に二つ折りし、図のように底を折り込む。1cmの縫いしろで両脇を縫う。

3　袋口にジグザグミシンをかけ、表に返す。

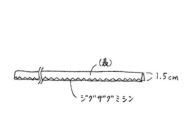

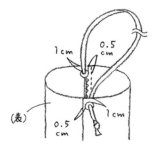

4　ひもをつくる。ひも用の布を中央で外表に二つ折りし、アイロンをかける。ジグザグミシンで縫い合わせる。

5　図の位置にハトメを打つ（打ち方はパッケージの表記に従う）。4のひもを内側からハトメに通し、ひもの先を片結びする。

海バッグ

作品 --- p.30

仕上がりサイズ　縦約40×横63×マチ15cm　※持ち手のサイズは含みません

材料　1個分

生成りの8号帆布（縦50.5×横65cm）……1枚
ネイビーの8号帆布（縦54.5×横65cm）……1枚

つくり方

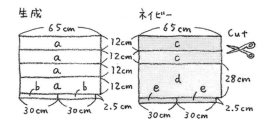

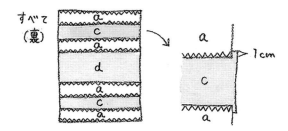

1　図のように生成り（a4枚、b2枚）とネイビー（c2枚、d1枚、e2枚）の布を裁つ。さらに、cとdの上下の辺にジグザグミシンをかけて布端を処理しておく。

2　cとdの上下の辺に、図のようにaを1cmずつ重ね、ジグザグミシンで縫い合わせる。さらに、端にくる上下の辺（バッグの口になる部分）にもジグザグミシンをかける。

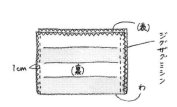

3　2の両脇の長い方の二辺にジグザグミシンをかけ、中表に二つ折りする。両脇を1cmの縫いしろで縫い、表に返す。

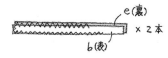

4　持ち手をつくる。bとeを1枚ずつ外表に合わせ、ジグザグミシンで周囲を縫い合わせる。これを2本つくる。

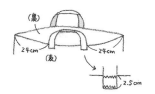

5　図のように、3に4を2本のジグザグミシンでそれぞれ縫いつける。

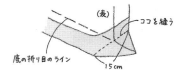

6　脇の縫いしろを割り、3の底の折り目のラインと脇を合わせる。左右の角を起こし、三角の底辺ラインが15cmとなるところを縫ってマチをつくる。

レッスンバッグ

作品 --- p.31

仕上がりサイズ　縦31.5×横38cm　※持ち手のサイズは含みません

材料　1個分

袋布　　　濃紺のデニム（縦65×横40cm）……1枚
見返し　　ストライプ柄のコットン（縦5×横40cm）……2枚
持ち手　　水玉柄のコットン（縦7×横22cm）……2枚

つくり方

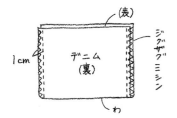

1　デニムの長い方の二辺にジグザグミシンをかけ、中表に二つ折りする。両脇を1cmの縫いしろで縫い、縫いしろを割る。表に返しておく。

2　ストライプ柄のコットン2枚を中表に合わせ、両脇を1cmの縫いしろで縫い、縫いしろを割る。

3　水玉柄のコットンの長い方の二辺1cmをアイロンで押さえながら折る。さらに中央で外表に二つ折りして上からアイロンで押さえ、ミシンをかけて2.5cm幅の持ち手をつくる。これを2本つくる。

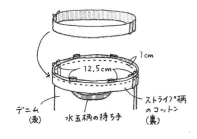

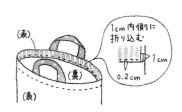

4　1の袋口に、リング状になっている2をかぶせるようにして中表に合わせ、その間に3を図のようにはさむ。口から1cm下をぐるりと縫う。

5　ストライプ柄のコットンを表に返し、本体の内側に3をはさみながら倒して袋口にアイロンをかける。布端を1cm内側に折り込み、内側から白い糸でぐるりと1周、ミシンをかける。

バイアスストライプのペンケース

作品 --- p.32-33

仕上がりサイズ　縦22×横18㎝　※サイズは開いた状態。ひものサイズは含みません

材料　1個分

表布	生成りのコットン（縦32×横18㎝）……1枚
内布	白と黄のストライプ柄のコットン
	（バイアスに裁った状態で縦32×横18㎝）……1枚
ひも	生成りのコットン（縦2×横30㎝）……1枚

ミシン糸（グレー）

つくり方

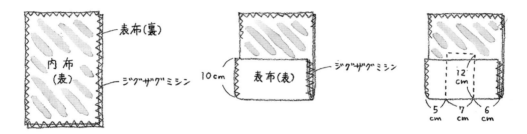

1　表布と内布を外表に合わせ、四辺をジグザグミシンで縫い合わせる。

2　下辺から10㎝を内布側に折り上げ、左右をジグザグミシンで縫い合わせる。

3　グレーのミシン糸で図の位置にミシンステッチを入れて、仕切りをつくる。

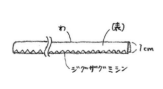

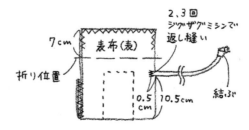

4　ひも用の布を中央で二つ折りし、下辺をジグザグミシンで縫い合わせる。

5　3を表布側に返し、表布の図の位置に4のひもをジグザグミシンで返し縫いして縫いつけ、先端を片結びする。上辺から7㎝を内布側に折り、アイロンでくせをつけて、ふたとする。

リバーシブルのティッシュケース

作品 - - - p.34

仕上がりサイズ　縦9×横15.5cm

材料　1個分

生成りのコットン（縦15×横20cm）……1枚

ブルーのコットン（縦15×横20cm）……1枚

ブルーと白のストライプ柄布（縦4×横11cm、縦11×横4cm）……2枚（違う布を各1枚）

つくり方

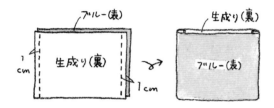

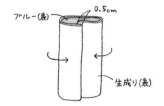

1　生成りとブルーのコットンを中表に合わせ、短辺を1cmの縫いしろで縫う。表に返す。

2　1を図のように、短辺が0.5cm重なるように折る。

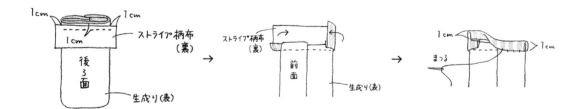

3　ストライプ柄布を本体の後ろ面と図の位置で中表に合わせ、1cmの縫いしろで縫う。

本体を前面に返し、ストライプ柄布を起こして図のように左右を折る。

布端をくるみ、縫いしろ1cmを内側に折り込んでまつる。反対側も同様にして布端をくるむ。

刺し子のハンカチ

作品 --- p.36

仕上がりサイズ　縦約35 ×横約35㎝

材料　1枚分

ダブルガーゼ（縦約38 ×横約38㎝）……1枚
ハギレ（縦4 ×横6㎝）……1枚
刺し子糸（なければ手縫い糸・白、別バージョンは赤）

つくり方

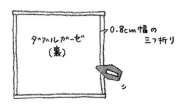

1　ダブルガーゼの四辺を、アイロンで押さえながら0.8㎝幅に三つ折りする。

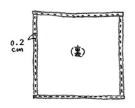

2　四辺を縫って、表に返す。

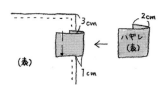

3　切りっぱなしのハギレを2㎝裏側に折り込んでからガーゼの上にのせ、2の上辺から3㎝のところにまち針で仮どめする。このとき、1㎝ほどを2からはみ出すようにとめる。

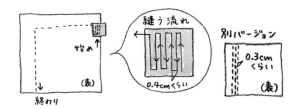

4　図のような順で、ハギレの端から刺し子（並み縫い）をする。
　※別バージョンは2まで同様につくり、ハギレはつけずに糸を赤にして刺し子をする。

ポンポンマフラー

作品 --- p.37

仕上がりサイズ　幅19×長さ128㎝

材料　1枚分

千鳥格子のウール地（縦40×横120㎝）……1枚
グレーの毛糸……適量

つくり方

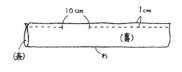 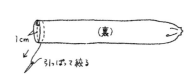 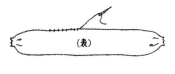

1　ウール地を中表に二つ折りにする。返し口10㎝を残し、1㎝の縫いしろで長辺を縫う。

2　短辺の端1㎝をそれぞれぐし縫いする。糸を引っぱり、絞ってとめる。

3　表に返し、返し口をまつる。

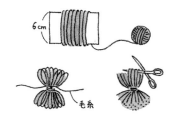 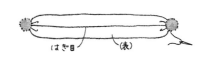

4　ポンポンをつくる。
　①幅6㎝の厚紙に毛糸を巻く（目安は150回ほど）。
　②厚紙を外し、中央を毛糸でしばる。
　③両端のわをカットし、丸く整える。

5　はぎ目の位置を端から中央寄りにずらし、4を3の両端に縫いとめる。

ウールのミニバッグ

作品 --- p.38-39

仕上がりサイズ　縦24×横30㎝　※持ち手のサイズは含みません

材料　1個分

表袋	茶色のウールチェック柄布（縦50×横32㎝）	……1枚
内袋	生成りのコットン（縦50×横32㎝）	……1枚
持ち手	茶色のウールチェック柄布（縦40×横15㎝）	……1枚

つくり方

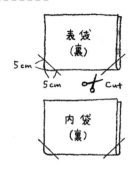

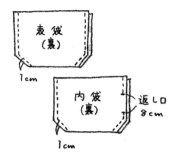

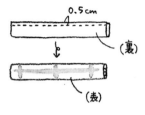

1　表袋用の茶色のウールチェック柄布と、内袋用の生成りのコットンを、それぞれ中表に二つ折りし、底の左右の角を図のようにカットする。

2　1㎝の縫いしろで両脇を縫う。内袋は、返し口を8㎝残して縫う。表袋を表に返す。

3　持ち手用の茶色のウールチェック柄布を中表に二つ折りする。端を0.5㎝の縫いしろで縫う。表に返し、縫いしろを中央にずらす。

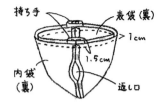

4　内袋の中に表袋を入れるようにして図のように中表に重ねる。その際、持ち手を両脇にはさむ。1㎝の縫いしろで口を縫う。

5　返し口から表に返して、返し口をまつり、内袋を表袋の中にしまう。

パッチワークのひざかけ

作品 --- p.40-41

仕上がりサイズ　縦108×横110cm

材料　1枚分
----

a　ブルーグレーのダブルガーゼ（縦54×横54cm）……1枚
b　ストライプのダブルガーゼ（縦58×横54cm）……1枚
c　グレーのダブルガーゼ（縦110×横60cm）……1枚
d　生成りのダブルガーゼ（縦110×横112cm）……1枚

つくり方

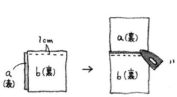 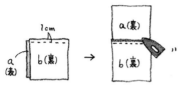 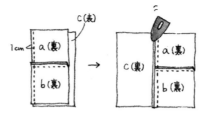 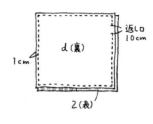

1　aとbを図のように中表に合わせ、54cmの方の辺どおしを1cmの縫いしろで縫い合わせて表布のパーツをつくる。縫いしろは片側に倒してアイロンをかける。

2　1とcを図のように中表に合わせ、1cmの縫いしろで縫い合わせる。縫いしろは片側に倒してアイロンをかける。表布の完成。

3　2とdを中表に合わせ、返し口10cmを残して周囲を1cmの縫いしろで縫う。

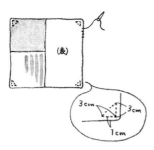

4　返し口から表に返し、返し口をまつる。図のように四すみを三角に縫いとめる。

丸いコースター

作品 --- p.42　　実物大の型紙 --- p.94

仕上がりサイズ　直径13cm

材料　1枚分

ウール（縦15×横15cm）……2枚
刺しゅう糸（色は好みで）

つくり方

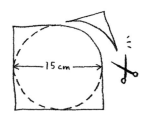

1　p.94をコピーして型紙をつくる。型紙に合わせ、ウール地をそれぞれ直径15cmの円形に裁つ。

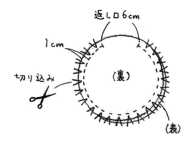

返し口6cm
1cm
切り込み
（裏）
（表）

2　1のウール地2枚を中表に合わせ、返し口6cmを残して1cmの縫いしろで縫う。表に返したときに布がつらないように、1cm間隔で三角形に切り込みを入れる（縫い線を切らないよう注意）。

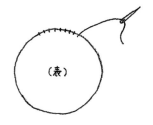

（表）

3　返し口から表に返し、形を整えて返し口をまつる。

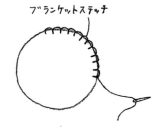

ブランケットステッチ

4　6本どりの刺しゅう糸で円周をぐるりとブランケットステッチする。

ブランケットステッチを覚えましょう

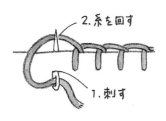

2.糸を回す
1.刺す

①布端から好みの長さになる位置に、針を刺す。
②針先から後ろに糸を回してかけ、針を引き抜く。
③これを繰り返す。

コーデュロイバッグ

作品 --- p.43

仕上がりサイズ　縦35.5×横47㎝　※持ち手のサイズは含みません

材料　1個分

表袋　　　茶色のコーデュロイ*（縦38×横96㎝）……1枚
内袋　　　白のコットン（縦38×横96㎝）……1枚
表持ち手　茶色のコーデュロイ*（縦11×横55㎝）……2枚
裏持ち手　白のコットン（縦11×横55㎝）……2枚
ミシン糸（白）
*：茶色のコーデュロイはすべて「C&Sフレンチコーデュロイ 太うね」（ゴールドブラウン）を使用

つくり方

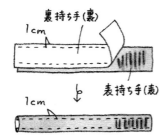

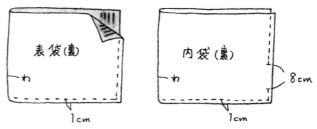

1　持ち手の茶色のコーデュロイと白のコットンを中表に合わせ、1㎝の縫いしろで上下端を縫う。表に返し、白い糸で両端に1㎝のステッチをかける。これを2本つくる。

2　表袋と内袋をそれぞれ脇で中表に二つ折りし、底と脇を1㎝の縫いしろで縫う。内袋は返し口を8㎝残して縫う。ともに縫いしろを割り、表袋を表に返す。

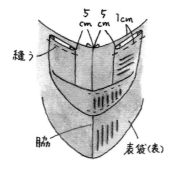

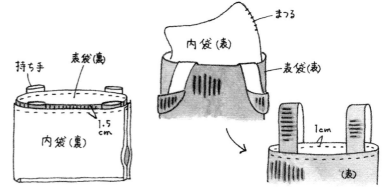

3　表袋の表の脇から左右それぞれ5㎝離れた図の位置に、持ち手を縫いとめる。

4　内袋の中に表袋を入れるようにして中表に重ね、1.5㎝の縫いしろで、口を縫う。

5　返し口から表に返して、返し口をまつる。内袋を表袋にしまい、白い糸で口に1㎝のステッチをかける。

靴下のオーナメント

作品 --- p.44   実物大の型紙 --- p.95

仕上がりサイズ　縦15×横12cm

材料　1個分

赤または紺の厚手のウール地（縦20×横30cm）……各1枚
毛糸（赤×白または白）

つくり方

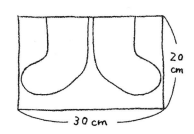

1　p.95をコピーして型紙をつくる。型紙に合わせ、上の図のように布を裁つ。

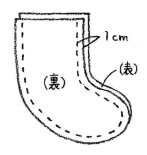

2　2枚のウール地を中表に合わせる。1cmの縫いしろで口以外を縫う。口から表に返す。

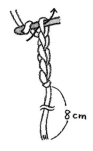

3　毛糸で30cm長さのくさり編みをつくる。そのとき、編み始めと編み終わりを各8cmほど残しておく。

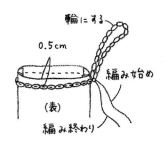

4　3のくさり編み部分を図のように2の口から0.5cmのところに縫いつけていく。残ったくさり部分を片結びして輪をつくり、縫いとめる。編み始めと編み終わりはそのまま残しておく。

くさり編みを覚えましょう

①糸を指にかけ、編み針を図の矢印のように回転させてループをつくる。

②糸をかけて引き抜く。

③また糸をかけて引き抜く。
④③を繰り返す。

リバーシブルの巾着袋

作品 --- p.46-47

仕上がりサイズ　縦28 ×横22cm

材料　各1個分

表袋a	赤のコットン（縦4.5 ×横17.5cm）……	1枚
表袋b1	ベージュのリネン（縦15 ×横17.5cm）……	1枚
表袋b2	ベージュのリネン（縦17.5 ×横16.5cm）……	1枚
表袋c	水玉柄のコットン（縦17.5 ×横16cm）……	1枚
表袋d	生成りの綿麻（縦14.5 ×横46cm）……	1枚
内袋	ベージュのリネン（縦30 ×横46cm）……	1枚
ひも	ストライプ柄のコットン（縦4 ×横55cm）……	1枚

つくり方

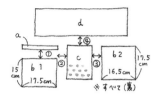

1　ハギレを縫い合わせて表袋をつくる。各ハギレをそれぞれ中表に合わせ、1cmの縫いしろで図のような順番で縫いつなぐ。各パーツを縫いつなぐごとに、その都度縫いしろはアイロンをかけて割る。※図は裏から見たもの。

2　1でつないだ表袋と、内袋となるb3を中表に合わせ、1cmの縫いしろで長い方の一辺を縫う。縫いしろはアイロンをかけて割る。

3　ひも通し口（返し口にもなる）をつくる。2の縫い線を中心に上下4cmの部分を0.8cm幅の三つ折りにする（このとき、両端に向けて少しずつ細めの幅にしていくと縫いやすい）。アイロンをかけて縫う。

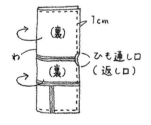

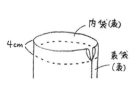

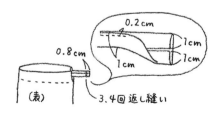

4　3を縦に二つ折りにし、中表に合わせる。ひも通し口（返し口）を残してわ以外の三辺を1cmの縫いしろで縫う。

5　ひも通し口（返し口）から表に返し、内袋を表袋の内側にしまい、袋状にする。ひも通し口の下4cmをぐるりと1周縫う。

6　ストライプ柄のコットンを図のような四つ折りにし、アイロンをかけてから端ミシンをかけ、1cm幅のひもをつくる。5のひも通し口にこのひもを通し、2本を重ねて端を3、4回返し縫いする。

ミニピンクッション

作品 --- p.48

仕上がりサイズ　幅3.5×奥行き3.5×高さ3㎝

材料　1個分
- - - - - - - - - -

ハギレ（縦5×横5㎝）……2枚
手芸用わた
刺しゅう糸（赤または白）

つくり方
- - - - - - -

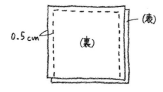

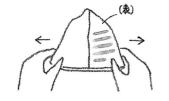

1　ハギレを中表に合わせ、0.5㎝
　　の縫いしろで三辺を縫う。表
　　に返す。

2　それぞれのハギレを左右に軽
　　くひっぱって形を整える。

3　手芸用わたを詰める。

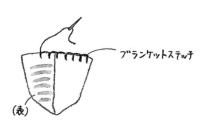

4　口を1㎝内側に折り込み、2
　　本どりの刺しゅう糸でブラン
　　ケットステッチ（p.85参照）し
　　て縫い合わせる。

鍋敷き

作品 - - - p.49

仕上がりサイズ　縦約 16 × 横 11.5㎝

材料　1個分

A（赤い布とヘリンボーン）
赤のコットン（縦 5 × 横 25㎝）……1枚
ブラウンのヘリンボーン布（縦 15 × 横 25㎝）……1枚
B（生成りの布とヘリンボーン）
生成りのコットン（縦 10 × 横 25㎝）……1枚
ブラウンのヘリンボーン布（縦 10 × 横 25㎝）……1枚

AB 共通
麻ひも……各 8㎝
薄手のタオル
　（縦 18 × 横 12㎝・端を切っておく）……各 3枚
ミシン糸（赤）

つくり方

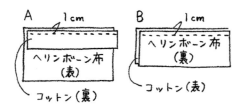

1　コットンとヘリンボーン布を中表に合わせる。1
　　㎝の縫いしろで長い方の一辺を縫う。布を開き、
　　縫いしろをヘリンボーン布側に倒して、アイロン
　　をかける。

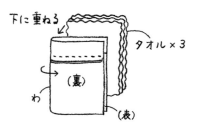

2　1をそれぞれ縦に二つ折りに
　　し、中表に合わせる。3枚の
　　タオルを合わせ、下に重ねる。

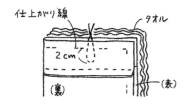

3　麻ひもを輪にして先を結ぶ。
　　輪が仕上がり線より2㎝内側
　　にくるように、上辺中央の布
　　の間にはさむ。

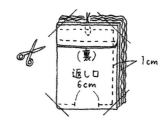

4　返し口6㎝を残し、図のよう
　　に1㎝の縫いしろで縫う（3
　　ではさんだ麻ひもと、タオル
　　も一緒に縫う）。四つ角の縫
　　いしろ部分を切り落とす。

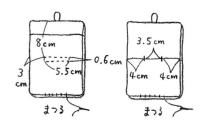

5　返し口から表に返し、返し口
　　をまつる。アイロンをかけ、
　　形を整える。図の位置に赤の
　　ミシンステッチを入れる。

カメラポーチ

作品 --- p.50-51

仕上がりサイズ　縦9×横14cm　※ストラップのサイズは含みません

材料　1個分
- - - - - - - - -

ふた押さえ用ひも(a)　ベージュのリネン(縦4×横16cm)……1枚

ストラップ(b)　ベージュのリネン(縦4×横80cm)……1枚

表ふた(c)　ベージュのリネン(縦11.5×横12.5cm)……1枚

内ふた(d)　生成りのコットン(縦11.5×横12.5cm)……1枚

表袋(e)　ベージュのリネン(縦20×横16cm)……1枚

表袋の飾り布(f)　赤のコットン(縦8×横16cm)……1枚

内袋(g)　生成りのコットン(縦20×横16cm)……1枚

薄手のキルト芯(縦20×横16cm)……1枚

つくり方
- - - - - - -

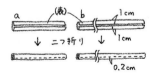

1　a、bの布で2本のひもをつくる。長い方の二辺1cmをアイロンで押さえながら折る。さらに、中央で外表に二つ折りして上からアイロンで押さえ、端ミシンをかける。

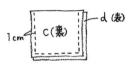

2　ふたをつくる。cとdの布を中表に合わせ、上辺以外を縫い合わせる。表に返し、アイロンをかける。

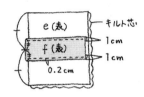

3　表袋をつくる。キルト芯の上にeを重ねる。fを、長い方の二辺1cmをアイロンで押さえながら折り、eとfのそれぞれの上下が等分になる位置に合わせて重ね、キルト芯ごと縫いつける。

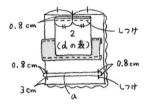

4　3と2のそれぞれの左右が等分になる位置を図のように合わせて重ね、上辺から0.8cmのところをしつけする。1でつくったaのひもを図の位置に置き、左右から0.8cmのところをしつけする。

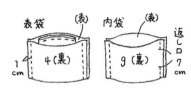

5　4(表袋)とg(内袋)の布をそれぞれ中表に二つ折りし、1cmの縫いしろで両脇を縫う。gは返し口7cmを残して縫う。ともに脇の縫いしろを割り、内袋は表に返す。

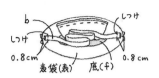

6　表袋の両脇、上辺から0.8cmのところに、bのストラップをしつけする。ストラップは図のように表袋の中にしまう。

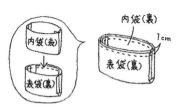

7　6の上から内袋を中表に重ねる。1cmの縫いしろで袋口を1周縫う。返し口から表に返し、返し口をまつる。アイロンで形を整える。

ミニポシェット

作品 --- p.52

仕上がりサイズ　縦20×横16cm　※肩ひものサイズは含みません

材料　1個分

表袋　　　茶のコットン*1（縦40×横18cm）……1枚
内袋　　　ネイビーのコットン*2（縦46×横18cm）……1枚
肩ひも　　ネイビーのコットン*2（縦6×横70cm）……2枚
*1：茶のコットンは「C&Sボーイフレンドチノクロス」（シナモン）を使用
*2：ネイビーのコットンは「C&SナチュラルコットンHOLIDAY」（ネイビー）を使用

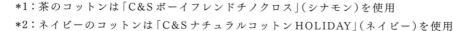

つくり方

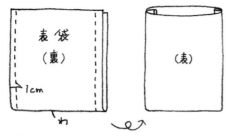

1 表袋を中表に二つ折りし、1cmの縫いしろで両脇を縫い、表に返す。

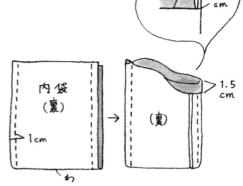

2 内袋を中表に二つ折りし、1cmの縫いしろで両脇を縫う。袋口を1.5cm折り、さらに1.5cm折ってアイロンをかける。

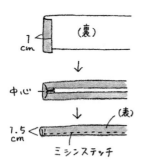

3 肩ひもの一方の端を1cm折り込み、図のように四つ折りして、縫う。これを2本つくる。

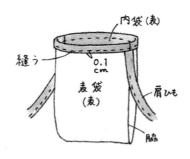

4 表袋の中に内袋を入れて外表に重ね、内袋の口を表袋にかぶせる。そこに、肩ひも（端を折り込んでいない側）をそれぞれ両脇にはさんで、袋口にぐるりと端ミシンをかける。

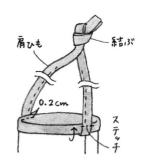

5 肩ひもを上に折り上げて押さえるステッチをかけ、先を結ぶ。

つくり始める前に

* 布地や実物大の型紙などは、すべて縫いしろを含んだ寸法です。
  つくるうえでの必要な寸法や位置はつくり方のイラストを参照してください。
* 用尺には、柄合わせの余裕分は含まれていません。
  柄合わせが必要な場合は、その分、余裕をもって購入してください。
* とくに断りがない限り、洗濯による縮みが気になる場合、
  布地は水通ししてアイロンをかけてから制作してください。

この本について

この本の作品には、製図はありません。作品づくりに必要なパーツは、つくり方ページの「材料」にそれぞれの大きさを記載しています。また、型紙を使い、布を裁断してつくる必要がある場合は、「つくり方」を参考にして指定の作業をしてください。

[つくり方ページの見方例]

作品名
作品の掲載ページ
つくりたい作品が決まったら、つくり方のページを開きます。作品名と作品の掲載ページを記載しています。

材料
布の大きさがパーツごとに書いてあるので、参照し、必要なパーツを確認して裁断します。

つくり方
作品のつくり方をイラストで解説しています。

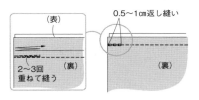

くったりスリッパ
作品 --- p.21　実物大の型紙 --- p.94・95
仕上がりサイズ　約24cm

材料 1個分
生成りのリネン（縦60×横55cm）……1枚
ストライプ柄布（コットン・縦30×横30cm）……1枚
キルト芯（縦30×横30cm）……1枚

つくり方

1　p.94・95をコピーして型紙をつくる。型紙に合わせ、図のように布とキルト芯を裁つ。甲はリネンを4枚、底はリネン2枚、ストライプ柄布2枚、キルト芯2枚。

2　甲をつくる。リネン2枚を中表に合わせ、足の入れ口になる部分を1cmの縫いしろで縫う。カーブに3cm間隔で切り込みを入れ、表に返す。

3　底をつくる。ストライプ柄布にキルト芯を外表に重ね、0.5cmの縫いしろで縫う。

必要な型紙
実物大の型紙が必要な場合、何ページに掲載しているかを、ここで確認します。型紙をつくり、つくり方の指定の作業をして、パーツをつくります。

各作品の仕上がりサイズ
すべて参考として、おおよそのサイズを表記しています。扱う布によって多少の誤差が生じる場合があります。

ミシンの「返し縫い」と手縫いの「返し口のまつり方」

返し縫い
ミシンの縫い始めと縫い終わりは、糸がほどけてくるのを防ぐため返し縫いを。同じミシン目の上を2〜3回重ねて縫います。

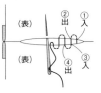

返し口のまつり方（コの字とじ）
この本の「返し口をまつる」はすべてこの縫い方。縫い糸が表に出ないよう、コの字を書くように折り山の中に糸を通して縫っていきます。

実物大の型紙

本書 p.94〜95 に掲載している「実物大の型紙」は無料でダウンロードできます。

型紙ダウンロードはこちらから↓
https://tennenseikatsu.jp/_st/s16780829

* 型紙はPDF形式で、サイズは自宅でプリントしやすいA4と、型紙をつなぎ合わせる手間がないB4の2種です。
* 雑誌『天然生活』が運営する公式情報サイト『天然生活web』から型紙をダウンロードいただけます。
  なお、型紙のダウンロードには、会員登録（無料）が必要です。

実物大の型紙のつくり方

実物大の型紙はコピー機などでコピーして使用するか、図のように実物大の型紙のページに型紙用紙を重ね、鉛筆で型紙を写します。

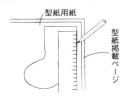

型紙用紙
型紙掲載ページ

実物大の型紙について

* 印刷や紙の伸縮によって、型紙の寸法に1mm前後の誤差が生じる場合があります。ご了承ください。
* 実物大の型紙が、紙のサイズよりも大きいため、「くったりスリッパ」の甲と底は、2枚に分割しています。
* 突き合せの記号（◠または◡）どうしを右図のようにつなぎ、型紙を完成させて使用してください。この分割された型紙をつなぎ合わせることを「突き合せる」といいます。

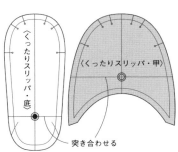

〈くったりスリッパ・底〉
〈くったりスリッパ・甲〉
突き合わせ

93

実物大の型紙

『くったりスリッパ』・甲
作品 --- p.21
つくり方 --- p.71

縫いしろ

でき上がり線

『くったりスリッパ』・底
作品 --- p.21
つくり方 --- p.71

縫いしろ

でき上がり線

縫いしろ

『丸いコースター』
作品 --- p.42
つくり方 --- p.85

縫いしろ

でき上がり線

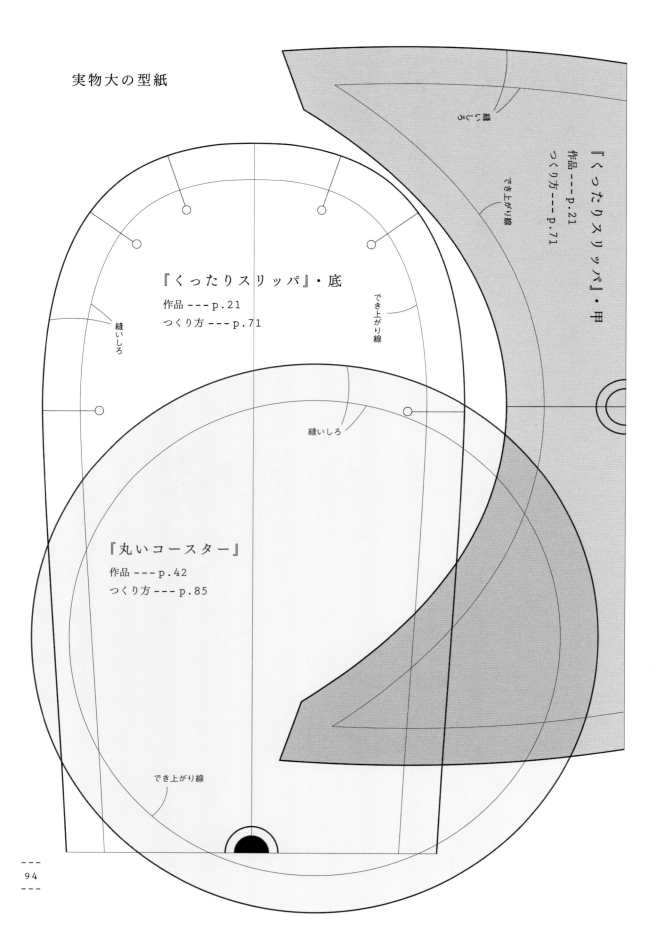

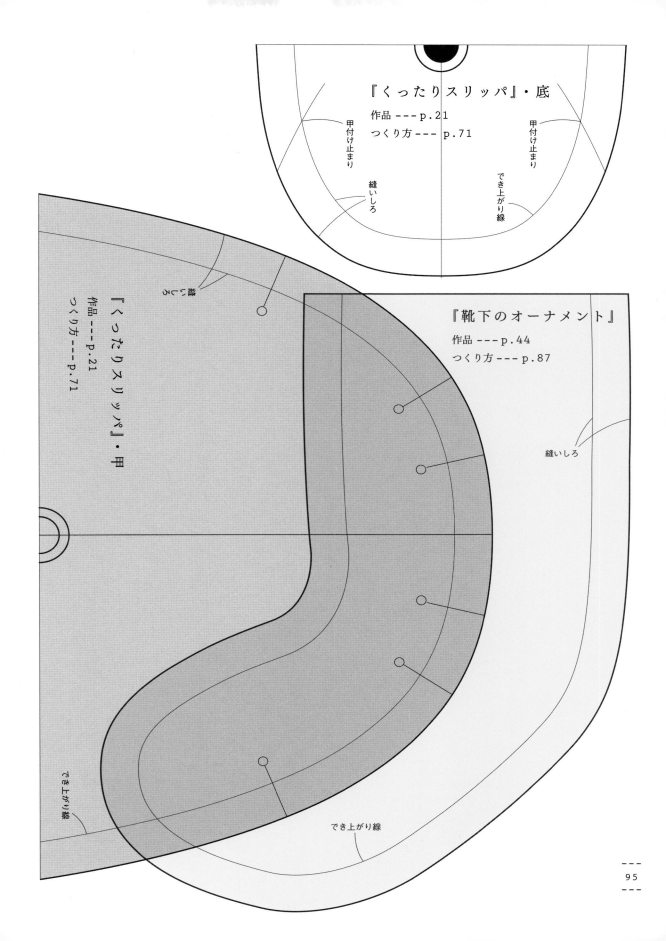

『くったりスリッパ』・底

作品 --- p.21

つくり方 --- p.71

甲付け止まり

甲付け止まり

縫いしろ

でき上がり線

縫いしろ

『くったりスリッパ』・甲

作品 --- p.21

つくり方 --- p.71

でき上がり線

『靴下のオーナメント』

作品 --- p.44

つくり方 --- p.87

縫いしろ

でき上がり線

YUMI ISHIKAWA

いしかわ　ゆみ

布小物作家。1999年に初の個展を開催し、作家としての活動を本格的に開始する。肩の力の抜けたナチュラルで愛らしいデザインにファンも多い。小物に限らず、手軽につくれる洋服も雑誌や書籍で発表するほか、作品展やワークショップなど多方面で活躍中。2023年夏にオンラインストア「TOTE」を立ち上げ、さらに活躍の場を広げている。『まいにちつかうもの』『まいにち着たい服』（筑摩書房）、『石川ゆみの着るもの、袋もの』（文化出版局）、『四角い布からつくる服』『しましまとみずたまでつくる小物』（ともに扶桑社）など著書多数。
インスタグラム @ishikawayumimi
オンラインストア「TOTE」　https://totework.com/

STAFF

撮影	中島千絵美
	星 亘（P.56〜61）
イラスト	木村倫子
ブックデザイン	石田百合絵、塚田佳奈（ME & MIRACO）
校正	鳥光信子
取材協力	飯作紫乃
編集	田村久美
Special Thanks	亀田由美子、小林和実

［布地提供・協力／撮影協力］
CHECK & STRIPE
https://checkandstripe.com
（P.10、11、27、43、52、54〜59）

増補改訂版

シンプルな生地でつくるバッグと雑貨

発行日	2023年9月18日　初版第1刷発行

著　者	石川ゆみ
発行者	小池英彦
企画協力	株式会社 フジテレビジョン
発行所	株式会社 扶桑社
	〒105-8070　東京都港区芝浦1-1-1 浜松町ビルディング
	03-6368-8808（編集）
	03-6368-8891（郵便室）
	www.fusosha.co.jp
印刷・製本	凸版印刷株式会社